THÈSE

POUR

LA LICENCE,

SOUTENUE

Par EUGÈNE GIRAUD,

Né à **MARSEILLE** (Bouches-du-Rhône,)

MARSEILLE,

IMPRIMERIE CIVILE ET MILITAIRE J. CLAPPIER, RUE S:-FERRÉOL, 27.

1851.

A Mon Père.

A MA MÈRE.

A CEUX QUE J'AIME.

A LA MÉMOIRE DE M. GILLET.

Regrets éternels.

JUS ROMANUM.

De Jurisdictione et de officio ejus cui mandata est jurisdictio.

(Dig. Liv. 2 Titre 1, Liv. I, Titre 21.)

Jurisdictio proprie dicta est potestas judicis ; proinde consistit in judicando et in dandis judicibus.

Apud romanos, ut fere apud omnes populos orbis antiqui, jurisdictio attributionibus potestatis regiæ conjuncta erat. Primum rex deinde duo annuales consules cum imperio jurisdictionem obtinuerunt, ideo que vocabantur judices prætoresque, quod juri et exercitui prœessent.

Jurisdictio romana usque ad imperium nullam unitatem hierarchiamque habuit, quisque magistratus omnipotens erat in omnibus quæ ad illum spectabant; omne judicium irrevocabile erat. Ne hæc potestas latissima arbiret in abusum, magistratus ad solum annum nominati erant ; judexque imperitus aut prævaricator litem suam faciebat.

Post reipublicæ occasum hierarchia mox invaluit, imperatorque judex summus fuit apud quem a decisionibus cæterorum magistratuum appellare licebat.

Sed factum proprius Jurisdictionis Romanæ est divisio in jure, quod ad magistratum spectabat, et in judicio, quod ad judicem. Magistratus etiam jus habebant, jurisdictionem vel totam, vel pro parte, mandandi.

Imperium est jus coercitionis ; merum est aut mixtum. Merum imperium est, ut ait Ulpianus, habere potestatem gladii. Mixtum est imperium, quod magistratui, quasi per consequentiam jurisdictionis quam habet, et ad hanc eamdem tuendam, competit. Omnes magistratus quibus jurisdictio, imperium quoque mixtum habebant ; sed omnibus non æqualiter. Magistratus minores solum habebant id quod illis necesse erat.

Est etiam quarta species quæ nec ad imperium nec ad jurisdictionem pertinet; Exempli causa: Tutoris datio neque imperii est, neque jurisdictionis, et ad eum solum pertinet, cui vel lege, vel senatus consultonominatim concessa est. Aliquando imperium significat potestatem quæ majoribus magistratibus competit, et quæ minoribus magistratibus, jurisdictio, hinc Ulpianus ait : jubere caveri prætoria stipulatione et in possessionem mittere, imperii magis esse quam jurisdictionis.

Attributiones Jurisdictionis.

Tria hæc verba, dare, dicere, addicere, continent varias jurisdictionis attributiones.

Dare. Dare judicem, actionem, tutorem bonorum possessionem.

Dicere. Jus dicere, vel promulgare edicta vel eadem edicta facere.

Addicere. Addicere aliqnem dominum.

De variis jurisdictionum speciebus.

Jurisdictio aut voluntaria aut contentiosa est ; voluntaria est quæ exercetur inter cives non ad finem contentionis faciendam, sed solum ut partium acta solemnitatem habeant sine qua nullius ponderis sunt. Voluntaria exercetur inter volentes ; magistratus actis auctoritatem confert, eadem comprabat acta ; cessio in jure, missio in possessionem bonorum , nominatio tutorum vel curatorum sunt acta jurisdictionis voluntariæ.

Contentiosa jurisdictio inter nolentes, contendentes exercetur. Qui jurisdictioni contentiosæ præest, ut ait Ulpianus, neque sibi jus dicere debet, neque uxori, neque liberis, neque libertinis. Voluntaria jurisdictio longe alia est , filius volente, patre, apud patrem manumitti potest.

Magistratus jurisdictionem contentiosam exercere poterat solum circonscriptione territorii et loco ad hoc destinato non item erat de jurisdictione voluntaria.

Dividi etiam solet jurisdictio in pleniorem et minus plenam. Jurisdictio plenior est jurisdictio majorum magistratuum ; minus plena est jurisdictio magistratuum municipalium et non continet acta quæ sunt magis imperii quam jurisditionis.

Semper quantum petatur quærendum est non autem quantum debeatur ; et si petitio continet plures actiones quarum singularum quotitas intra judicantis jurisdictionem sit, omnium licet summa excedat modum jurisditionis ejus, apudeum agi posse Cassio et Sabino placuit. At si una actio communis sit inter plures personas, veluti actiones familiæ erciscundæ , communi dividundo, finium regundorum, et si singulæ partes intra judicantis jurisdictionem sint, coacervatio vero omnium partium excedat modum jurisdictionis apud eum agi posse Offilio et Proculo placuit ; sed Cassius et Pegasus hoc non probant quia res venit tota in judicium et uni adjudicari potest.

Jurisdictio aut ordinaria aut extraordinaria est. Plerumque magistratus non ipse judicabat causas, partesque in judicium mittebat, talis est jurisdictio ordinaria. Aliquoties contra ipse judicabat magistratus , talis est extraordinaria jurisdictio. Dividi etiam solet jurisdictio in mandatam, prorogatam.

De mandata jurisdictione.

Mandata jurisdictio ea est quam magistratus, vel alius civis, vice alterius et ex mandato exercet. Is jurisdictionem mandare potest qui eam, suo jure, non alieno beneficio habet. Hinc manifestum est, neminem mandatam sibi jurisdictionem alteri mandare posse. Inteligitur etiam neminem posse jurisdictionem mandare, priusquam ipse potuerit eam exercere, exemplique causa : proconsul postquam provinciam est ingressus, mandare jurisdictionem legato suo debet sed hoc facere non debet priusquam ipse fuerit provinciam ingressus, quia nondum jurisdictionem habebat, quod si ante ingressum mandaverit, et ingressus provinciam in eadem voluntate permanserit, credendum est legatum jurisdictionem habere non ex quo jurisdictio mandata est, sed ex quo provinciam proconsul ingressus est. Aliquando tamen, etsi nondum provinciam ingressus, jurisdictionem proconsul mandare debet.

Aut totam potest jurisdictionem mandare magistratus, aut jurisdictionis partem sed solum in causis quæ illi competunt; igitur quæcumque lege vel senatusconsulto tribuuntur mandari non possunt, quæ contra juri magistratus competunt, mandari possunt.

Imperium merum mandari non potest nam lege datur, itaque proconsulis legatus nullas pœnas imponere magnas potest, igitur si quid factum majorem pœnam exigit apud proconsulem legatus rejicere debet; sed imperium mixtum, ut ait Paulus cum jurisdictione mandari potest, nam jurisdictio quæ non ulla vel modica sanciretur coercitio, nulla esset. Cum enim omnia ea quæ jurisdictioni cohærent mandata jurisdictione sola transferuntur, hinc mandari non possunt ea quæ magistratui specialiter lege vel senatus consulto concessa sunt, quia legis esse potius dicantur quam imperii aut jurisdictionis. Igitur nemo apud proconsulis legatum manumittere potest, quia legatus non habet talem jurisdictionem; hinc ait Ulpianus : si tustor pupilli prœdia vendere velit, causa cognita prætor permittat ; sed legato ejus eam quæstionem transferre non potest.

Qui jurisdictionem mandatam suscipit proprium nihil habet, sed ejus qui mandavit jurisdictione utitur. fungitur vice ejus qui mandavit non autem sua, nam ut ait Julianus, quamvis prætor, si ex mandata jurisdictione judicat, non tamen pro imperio suo agit, sed alterius vice.

Ut supra diximus, nemo mandatam sibi jurisdictionem alteri mandare potest, exemplique causa, ait Labeo : si quis jurisdictionem mandaverit, decesseritque priusquam cui mandata fuerit rem gerere cæperit, mandatum solutum fore.

Solvitur etiam revocatione.

De prorogata jurisdictione.

Prorogata jurisdictio est ea quæ ultra terminos suos prorogatur. Duobus modis prorogatur jurisdictio ; vel ex legis præscripto, vel ex partium consensu ; prorogatur legis præscripto in reconventionibus.

Prorogatur quoque jurisdictio partium consensu ad causas aut ad personas quæ ipsi non subsunt, nam si duæ personæ, non invitæ, sese subjiciunt jurisdictioni judicis incompetentis, hinc tunc competens erit. Videndum est qualis ille consensus esse deberit ; consensus aut tacitus aut expressus esse debet, oportet ut inter volentis, non erroris causa fiat, nam error non valet pro tacito censensu ; spontaneus etiam esse debet ille consensu, nam si metu potentiæ prætoris suggestus fuisset, nulla esset jurisdictio.

Ut supra diximus, sufficit consensus tacitus ; si una partium potuisset jurisdictionem judicis declinare, neque id fecisset, credendum est hanc partem tacite consensisse, eamque deinde jurisdictionem declinare non posse, nam ubi judicium initium accipit ibi finem accipere debet. Ulpianus ait : partium consensus sufficit ut magistratus competens fiat et etiam invitus competens fieri potest.

Constat eum qui nullam jurisdictionem habet, non posse prorogari in jurisdictione, nam partium consentus non judicem facit qui non judex est, et ille qui nullam jurisdictionem habet non potest utiliter assumi pro judice, nisi ex compromisso. Ait Ulpianus : qui neque jurisdictioni prœest neque a principe aliqua potestate præditus, neque ab eo qui jus dandorum judicum habet datus est, nisi ex compromisso sumptus, vel aliqua lege confirmatus, judex esse non potest. Episcopus judicis loco utiliter assumitur aliquoties, ex constitutione Honerii et Arcadii ejusque sententia irrevocabilis est.

Jurisdictio non potest prorogari ei qui nullam jurisdictionem habet ; oportet etiam ut causæ non sint disparis generis ; quapropter, ut aut Ulpianus, lat runcutator de re pecuniaria judicare non potest.

Prorogari possunt etiam magistratuum attributiones in personis in quas regulariter magistratus nullum habet imperium ; nam romano jure receptum erat magistratum aqualem vel inferiorem posse jus dicere magistratui aut adversus magistratum superiorem, qui sese subjecisset illius jurisdictioni, sed solum in causis quæ sunt ordinariæ et propriæ jurisdictionis : in his vero quæ sunt extraordinariæ jurisdictionis longe aliter est, nam coram eo cui par imperium est magistratus manumittere non potest, itaque prœtor coram consule, non autem coram collega suo manumittere potest.

Edictum de albo corrupto.

Hoc edictum promulgatum fuit ad tuendam jurisdictionem. Quicumque corrupisset, dolo malo quod propositum erat in albo dare debebat quinquagenta aureorum. Ut aliquis reus sit oportebat ut hoc dolo malo factum fuisset, nam qui pecasset vel per emperitiam vel per rusticitatem, vel fortuito casu nulla tenebatur pœna nam succurendum est ætati et imprudentiæ.

Sontes etiam sunt qui edictum tollunt, quamvis non corruptum, sive ipsi faciant, sive aliis mandent. Si quis hoc fecit sine dolo malo, alius contra dolo malo mandaverit qui mandavit, solus reus est, at si ambo fecerint dolo malo, ambo rei.

Quicumque corruperit sive servus sive liber, sive mulier, sive homo in eum agi potest ex hoc edicto ; filii familias quoque continentur verbis edicti.

Si servi alicujus album corruperint non elicitur similiter ut in furto ; nam dignitas prætoris contempta vindicanda est et quia plures servi injuriam fecerunt , quia pluris injuriæ facta sunt, pœna major esse debet.

Si servus a domino non defendebatur aut si reus inopia laborabat corporali pœna puniebatur. Denique ut aut Ulpianus actio hujus delicti popularis erat et accusatio omnibus romanis civibus permittebatur.

CODE NAPOLÉON.

De l'incapacité de la Femme mariée.

Art. 215 à 226, 1124, 1125, 1304.

En droit romain la femme mariée ne pouvait paraître dans aucun des actes de la vie civile ; cette incapacité a de tous temps été maintenue dans les limites diverses et notre code, tout en modifiant la législation romaine, a conservé ce principe et a réglé les cas d'incapacité.

Je diviserai cette matière en quatre parties ; dans la première, je parlerai de l'incapacité d'ester en justice ; dans la deuxième, de l'incapacité de contracter sauf les exceptions énumérées dans la loi ; dans la troisième, des cas où la femme doit demander l'autorisation de la justice. Je parlerai en quatrième lieu, de l'effet du refus d'autorisation.

De l'incapacité d'ester en justice.

La femme ne peut estre en justice, nous dit l'article 215, sans l'autorisation de son mari quand même elle serait marchande publique, non commune ou séparée de biens. La femme mariée ne pourra donc jamais plaider devant un tribunal soit comme demanderesse , soit comme défenderesse, sans autorisation préalable de son mari ; elle pourra être entendue comme témoin, mais du momen qu'elle est partie au procès, l'intervention du mari devient obligatoire.

Cette règle éprouve pourtant une exception, c'est au cas prevu dans l'art. 216. Aux termes de cet article la femme poursuivie en matière criminelle ou de police n'a pas besoin de l'autorisation de son mari pour se défendre, il eût été injuste en effet d'enlever à la femme ce droit sacré , le droit de défense. La femme serait encore frappée d'incapacité pour une action civile en dommages-intérets causée par un délit , lors même que cette action serait intentée devant un tribunal correctionnel , pour qu'elle puisse agir sans l'autorisation de son mari , il faut que l'action soit intentée directement contre elle par le ministère public , si dans le cas dont je parle l'action civile n'était que l'accessoire de l'action criminelle , la femme serait , sans l'autorisation de son mari , capable de repousser l'action.

Mais pourquoi la femme défenderesse au civil a-t-elle besoin d'autorisation lorsqu'en matière criminelle cette autorisation n'est pas nécessaire ? Telle en est la raison : le mari peut dans certains cas refuser utilement à sa femme l'atorisation qu'elle sollicite , car bien souvent elle pourrait par entêtement entreprendre un procès qui aurait de facheuses conséquences. En matière criminelle cette raison n'existe plus, la femme peut au contraire repousser avec avantage les attaques dirigées contre elle et faire diminuer la peine qu'elle doit encourir.

Nous voyons donc d'après ces deux articles que la femme défenderesse , sauf les exceptions dont j'ai parlé , et que dans tous les cas la femme demanderesse ne peut ester en justice sans l'autorisation de son mari. Cette autorisation doit être mentionnée dans l'acte introductif d'instance, il faut de plus lorsque la femme est attaquée que son mari soit assigné avec elle. Il n'est pas nécessaire que l'autorisation du mari soit donnée par écrit, sa présence suffit pour faire présumer l'autorisation. La femme aurait-elle besoin de l'autorisation de son mari pour des actes extra-judiciaires du ministère de l'huissier ? La loi n'en parle pas dans ses deux articles 215 , 216 ; il faut répondre à cette question que la femme sera plus ou moins capable suivant le régime sous lequel elle sera mariée et qu'elle pourra agir sans l'autorisation de son mari si elle a la libre administration des choses qui font l'objet de ces actes.

Si le mari refuse d'autoriser sa femme le droit qu'elle pourrait avoir serait-il paralysé ? Non ; ce serait un résultat injuste que ne pouvait pas souffrir notre législation, le code devait prévoir ce cas, c'est ce qu'il a fait dans l'art. 218. Aux termes de cet article, si le mari refuse d'autoriser sa femme , le juge pourra donner l'autorisation. Mais quel sera le tribunal qui devra donner l'autorisation ? L'article ne le dit pas, il ne pouvait le dire d'une manière précise. La femme peut être en effet demanderesse , elle peut être défenderesse. Dans le premier cas si le mari refuse l'autorisation ce sera au tribunal du domicile commun de prononcer ; dans le second cas le tribunal compétent sera le tribunal saisi de l'affaire.

Quelle sera l'étendue de l'autorisation du mari ? La femme pourra-t-elle sans nouvelle autorisation plaider en appel ? Si l'autorisation est limitée à tel degré de juridiction , pour plaider devant un autre degré , il faudra nécessairement une nouvelle autorisation ; mais ce n'est pas dans ce cas que se trouve l'intérêt de la question. L'autorisation peut encore être donnée à la femme pour qu'elle suive le procès dans toutes ses phases, il n'y a pas de difficulté non plus dans ce cas, la femme pourra plaider en appel, elle pourra même plaider devant la cour de Cassation. Mais que faudra-t-il décider si l'autorisation n'est ni restreinte à un degré, ni étendue à tous ? Je crois que la femme aura le droit d'ester en appel, sans nouvelle autorisation, mais qu'elle devra se faire autoriser pour le recours en cassation.

De l'incapacité de contracter.

La femme même non commune ou séparée de biens ne peut donner, aliéner, hypothéquer ou acquérir à titre gratuit ou à titre onéreux , sans le concours de son mari, dans l'acte ou son consentement par écrit, tels sont les termes de l'article 217 du code Napoléon.

Il ne faut pas conclure de cet article que les biens de la femme soient inaliénables par leur nature, que sa chose ne pourra jamais devenir la chose d'autrui ; le sens véritable de l'article est que la femme ne pourra pas sans l'autorisation de son mari *rem suam alienam facere* ; c'est-à-dire se dépouiller elle-même volontairement.

On comprend bien facilement pourquoi la femme ne peut acquérir à titre onéreux sans l'autorisation de son mari. En effet, l'art. 1124 déclare la femme incapable de s'obliger, l'acquisition à titre onéreux suppose une obligation réciproque; la femme est donc incapable d'acquérir à titre onéreux. La femme ne peut pas non plus , sans l'autorisation de son mari , acquérir à titre gratuit. C'est une raison de morale qui devait faire déclarer cette incapacité. Il serait , en effet , peu convenable qu'une femme reçut quelque chose à l'insu de son mari , *ne turpem quæstum faciat*.

Autrefois, l'autorisation du mari devait être expresse , l'autorisation tacite était nulle. Il n'en est pas de même aujourd'hui · l'autorisation du mari n'en est pas moins valable quoique tacite ; elle peut être écrite , elle peut être verbale , mais elle doit toujours être spéciale. Une autorisation générale est nulle en principe , il faut que l'autorisation soit donnée en connaissance de cause pour qu'elle soit valable ; il faut donc que le mari sache pour quel acte sa femme veut se faire autoriser. Aussi notre art. 223 dit que l'autorisation générale n'est valable que relativement aux actes d'administration des biens de la femme.

Mais ici, comme pour l'incapacité d'ester en justice , on doit se demander si le refus du mari peut empêcher toute action de la part de la femme? Je répondrai, comme je l'ai fait précédemment , que ce serait injuste et que la loi ne pouvait le souffrir. Le code prévoit le cas dans son art. 219 ; aux termes de cet article , la femme devait faire citer son mari devant le tribunal de première instance de l'arrondissement du domicile commun ; mais cet article a été modifié par l'art. 861 du Code de procédure. Aujourd'hui la femme, à qui le mari aura refusé l'autorisation, pourra, après avoir constaté le refus, présenter une requête au président du tribunal pour obtenir la permission de le faire citer dans la chambre du conseil pour qu'il donne des explications. Après les plaidoiries des avocats, et sur les conclusions du ministère public, le tribunal statue sur la demande de la femme en séance publique.

Il est pourtant certains cas où l'autorisation de la justice ne saurait suppléer à l'autorisation maritale. Lorsque la femme veut aliéner le fonds dotal pour l'établissement des enfants communs, l'autorisation du mari ne saurait être remplacée par l'autorisation de justice. Il en est de même pour le cas où la femme veut faire le commerce : le mari doit l'autoriser, le juge ne pourrait le faire.

Il est des cas où la femme n'a besoin ni de l'autorisation de son mari ni de l'autorisation de la justice. Elle peut faire valablement son testament ; elle peut consentir au mariage de ses enfants ; elle peut encore faire des actes conservatoires, pourvu qu'elle ne soit pas obligée d'ester en justice.

Comme je l'ai dit en commençant, il ne faut pas croire que les biens de la femme soient inaliénables par leur nature ; elle ne peut les aliéner volontairement sans l'autorisation de son mari, mais elle peut être obligée sans sa volonté, et dans ce cas l'obligation sera valable. La femme est tenue des obligations qui naissent de ses délits et de ses quasi-délits ; elle peut être encore tenue des obligations qui naissent des quasi-contrats ; elle en est tenue lorsque le fait qui constitue le quasi-contrat émane d'un tiers, mais si le fait émane d'elle-même, elle ne sera pas obligée.

La femme marchande peut, sans l'autorisation de son mari, faire tous les actes relatifs à son négoce. Comme je l'ai déjà dit, le mari a seul le droit d'autoriser sa femme à faire le commerce. C'est en effet une autorisation générale pour ce qui concerne le négoce et qui pourrait avoir à ce titre des suites fâcheuses. Une pareille autorisation est pourtant nécessaire, car le commerce ne pourrait s'accommoder aux lenteurs que nécessiterait l'autorisation, s'il fallait la demander pour tous les actes. La femme marchande est donc capable de tous les actes relatifs à son commerce (art. 220). Notre article ajoute que si la femme est mariée sous le régime de communauté, elle engage son mari en s'obligeant elle-même. Rien n'était plus juste, la femme travaille pour la communauté, puisque les bénéfices entrent dans le fonds commun ; le mari, qui est le chef de la communauté, ne doit pas profiter du travail de sa femme sans courir aucun risque.

On ne doit pas considérer comme marchande la femme qui ne fait que détailler les marchandises du commerce de son mari ; pour qu'elle ait cette qualité, il faut qu'elle fasse un commerce séparé ; dans le cas contraire, elle oblige son mari, sans s'obliger elle-même.

Cas où l'autorisation de la justice doit être demandée.

La femme mariée comme je l'ai démontré a besoin, soit pour ester en justice, soit pour contracter de l'autorisation de son mari ; mais le mari ne peut-il jamais se trouver lui-même frappé d'incapacité ? Ce fait peut se rencontrer journellement; la femme ne pourra-t-elle pas agir ? Ces cas ont été prévus par le Code dans les articles 221, 222, 224. Aux termes de ces articles, lorsque le mari aura subi une peine afflictive ou infâmante, lorsqu'il sera absent ou interdit, lorsqu'il sera mineur la femme même majeure sera obligée de se faire autoriser par le tribunal ; c'est en effet à la qualité de femme mariée que se rattache l'incapacité.

Lorsque le mari sera condamné à une peine afflictive ou infâmante, le juge peut donner l'autorisation sans que le mari ait été entendu ou appelé ; il n'en est pas de même au cas de minorité, le tribunal devra se faire éclairer par le mari, mais les renseignements qu'il donnera seront moins officiels qu'officieux.

Il est deux cas pourtant où le mari majeur présent et non interdit, ne pourra valablement autoriser sa femme : C'est lorsqu'il s'agit de bien ou de séparation de corps. Dans ces deux cas l'autorisation doit être donnée par le président du tribunal dont le premier devoir sera d'empêcher rupture. Le but principal de cette exception est, d'empêcher autant que faire se peut, dans l'intérêt de la société et de la morale, de pareils procès qui seraient trop fréquents, si le mari avait le pouvoir d'autoriser la femme.

Selon l'ancien droit l'acte émane de la femme sans l'autorisation de son mari, était radicalement nul et ne pouvait être ratifié. La nullité pouvait être demandée non-seulement par la femme et le mari, mais encore par les tiers qui avaient contracté avec elle. Il n'en est plus ainsi aujourd'hui ; cet acte ne sera qu'annullable et pourra être validé.

Il pourra être validé pendant le mariage par la femme avec l'autorisation du mari et dans ce cas, l'action en nullité ne pourra plus être exercée. La femme pourra le valider avec l'autorisation de la justice ; dans ce cas elle perd son action, mais le mari conserve la sienne. Si l'acte est validé par le mari, c'est lui seul qu est obligé ; La femme conserve son action. La femme peut encore le valider après la dissolution du mariage et dans ce cas, l'acte est valable.

La ratification peut être expresse ou tacite, aussi ne peut-on exercer l'action en nullité que pendant un délai de 10 ans à partir, pour le mari, du jour où il a eu connaissance de l'acte ; et pour la femme à partir de la dissolution du mariage. (1,304.)

Cette nullité n'est plus une nullité absolue, c'est une nullité relative qui ne peut pas être demandée par les tiers. Elle pourra être demandée seulement :

1° Par la femme qui prétend n'avoir pas été protégée par son mari.

2° Par le mari dont la puissance a été méconnue. Le mari ne peut exercer l'action que pendant la durée du mariage ;

3° Enfin par leurs héritiers. Pour les héritiers de la femme il ne peut pas y avoir de doute. L'action qu'elle a protégé ses droits pécuniaires qui sont admissibles à ses héritiers ; mais pour les héritiers du mari, il faut faire une distinction , l'action en nullité peut avoir pour cause tantôt un intérêt moral , et dans ce cas , le mari seul a le pouvoir de l'exercer , tantôt elle est fondée sur un intérêt pécuniaire ; dans ce cas elle appartient aux héritiers et même aux créanciers du mari.

PROCÉDURE CIVILE.

——◁●◁●▷——

Du faux incident Civil.

C. Pr. Titre II. Livre 2.

Dans le sens du langage juridique le faux est la suppression ou l'altération frauduleuse de la vérité. Il peut être matériel ou intellectuel principal, ou incident. Le faux incident est criminel ou civil.

Cette matière peut faire l'objet de trois classifications différentes. Dans la première se trouvent les règles relatives à l'inscription de faux ; dans la deuxième, la procédure établie pour arriver à la constatation du faux ; dans la troisième enfin, tout ce qui se rattache au jugement définitif.

Iʳᵉ PARTIE.

De l'inscription de faux.

Le faux incident est le moyen employé pour faire rejeter une pièce entâchée de faux ou que l'on soutient falsifiée. Cette voie, qui est indispensable pour l'acte authentique, peut être employée contre toute sorte d'actes indistinctement.

Celui qui veut s'inscrire en faux contre une pièce produite pendant le cours d'un procès , doit préalablement sommer la partie adverse pour lui demander si elle persiste à se servir de la pièce, ou si elle y renonce. Lorsque, dans les huit jours , la partie n'a pas répondu, ou qu'elle a déclaré ne pas se servir de la pièce , le demandeur peut se pourvoir à l'audience sur un simple acte pour en demander le rejet. Ce délai de huitaine n'est cependant pas fatal.

Si le défendeur déclare, au contraire, qu'il est dans l'intention de se servir de la pièce, le demandeur en faux doit s'inscrire par un acte, au greffe, signé de lui ou d'un fondé de pouvoir spécial ou authentique. L'avoué ne pourrait pas le représenter pour cette inscription.

Une fois que l'inscription a été admise , on nomme un juge-commissaire qui est chargé de constater l'état des pièces arguées de faux et de présider à toutes les opérations ultérieures.

IIᵉ PARTIE.

Procédure établie pour arriver à la constatation du faux

Dans un délai de trois jours , à partir de la nomination du Juge-commissaire , le défendeur en faux doit remettre la pièce au greffe, et dans un même délai il doit en signifier le dépôt au demandeur.

Si le défendeur n'effectuait pas ce dépôt, son adversaire pourrait se pourvoir en rejet de la pièce, ou la faire déposer à ses frais. Le Juge-commissaire peut ordonner, s'il le juge convenable, que la minute de l'acte sera déposée au greffe , et les dépositaires de cette minute pourraient être contraints à effectuer ce dépôt soit par voie de saisie, d'amende et de contrainte par corps, suivant leur qualité.

Ce dépôt une fois effectué le Juge-commissaire dresse un procès-verbal de l'état des pièces en présence du Procureur Impérial et des parties. Ce procès-verbal doit indiquer scrupuleusement les ratures, surcharges, interlignes et autres circonstances du même genre capables de fortifier les soupçons. Du moment que ce dépôt est effectué, le demandeur peut en tout état de cause prendre connaissance de la pièce entre les mains du greffier sans déplacement ni retard.

Le demandeur est tenu, sous peine de déchéance, de son inscription, de signifier dans un délai de huitaine, ses moyens de faux à la partie adverse ; le défendeur doit, dans un semblable délai et sous peine de voir rejeter la pièce, fournir ses réponses.

Une fois ces préalables remplis, le plus diligent des deux peut poursuivre l'audience et suivant que le juge trouve les moyens de faux admissibles ou non il les admet ou il les rejette en partie ou en totalité; le dispositif du jugement doit énoncer quels sont les moyens déclarés pertinents et admissibles ; il ordonne en même temps que la preuve en sera faite, tant par témoins, par titres, que par experts nommés d'office et de plus les moyens admis seront les seuls que l'on pourra faire valoir. Pourtant les experts pourront faire toutes les observations qu'ils jugeront convenables et qui dépendent de leur art, sauf aux juges à y avoir tel égard que de raison. Sous l'ordonnance de 1670 on ne donnait pas cette latitude aux experts ; ce n'est qu'à partir de l'ordonnance de 1737 qu'ils eurent ce pouvoir et le Code a reproduit la disposition qui le leur conférait.

L'inscription de faux une fois admise, les parties ne peuvent pas paralyser ou arrêter les poursuites au moyen d'une transaction. Pour qu'une transaction soit valable, elle doit être homologuée en justice après avoir été soumise au ministère public, qui doit toujours être entendu sur de pareilles questions.

Les parties peuvent faire valoir des motifs de récusation contre les experts nommés d'office et contre le Juge-commissaire.

IIIᵉ PARTIE.

Du Jugement définitif.

L'instruction étant achevée, le jugement est poursuivi sur simple acte ; si le défendeur succombe, le tribunal en déclarant la pièce fausse peut, suivant les circonstances, ordonner la suppression, la lacération, la radiation partielle ou totale, la réformation et enfin le rétablissement de l'acte. Mais l'on surseoit à l'exécution de ce chef tant que les délais de l'appel de la requête civile et du recours en cassation ne sont pas expirés.

Si c'est le demandeur qui a échoué, il sera condamné à une amende qui ne peut être moindre de 300 francs et le défendeur pourra de plus demander des dommages et intérêts. La même amende serait applicable au demandeur, s'il se désistait de sa poursuite après avoir pris l'inscription.

Pendant les délais de l'appel, les greffiers ne peuvent remettre les pièces qui auraient été fournies par les parties ou les témoins. Relativement aux pièces de comparaison, la remise peut en être ordonnée sur la demande des parties intéressées.

Le faux incident étant ainsi instruit, les greffiers ne peuvent délivrer copie des pièces arguées de faux. Mais à l'égard des autres actes dont les originaux ont été déposés au greffe, il leur est permis d'en délivrer copie à qui de droit. Si les dépositaires de ces actes en ont pris copie pour servir de minute, ils délivreront eux-mêmes les expéditions et les frais des expéditions leur seront remboursés.

Ce ne sera qu'après le jugement du faux incident que le tribunal pourra prononcer sur le fond du procès primitif.

L'art. 251 du Code de procédure qui est le dernier de la matière dit : *Tout jugement d'instruction ou définitif en matière de faux ne pourra être rendu que sur les conclusions du ministère public.*

Cette disposition est commune à toutes les périodes du faux. Le ministère public doit avoir, en effet, constamment l'œil ouvert sur ces sortes de procédures, afin d'être toujours à même d'intenter une action publique, s'il parvient à découvrir l'auteur du crime ou ses complices.

Le ministère public représente la société tout entière, son devoir est donc de veiller à sa sûreté. Tel est le sens de cet article du Code.

DROIT COMMERCIAL.

Des droits et devoirs du porteur d'un effet de Commerce en cas de faillite d'un ou de plusieurs obligés.

Sous l'empire de l'article 448 du Code de commerce, la faillite d'un individu signataire d'un effet de commerce rendait pour celui-ci le paiement exigible et entraînait pour tous ses co-obligés l'obligation de donner caution ; il s'en suivait que la faillite d'un endosseur ouvrait le droit de recours contre les autres obligés.

Cet état de choses était très grave et ne pouvait être maintenu. La loi du 28 mai 1838 sur les faillites l'a modifié de la sorte dans son article 444. Aux termes de cet article, les autres obligés ne sont tenus de donner caution ou de rembourser que dans le cas de faillite du souscripteur d'un billet à ordre, de l'accepteur d'une lettre de change ou d'un tireur à défaut d'acceptation.

Par dérogation à ce principe du droit : *Qui a terme ne doit pas*, le porteur d'une lettre de change doit faire le protêt avant l'échéance : tel est le sens de l'art. 163, parag. 2.

Le porteur d'une lettre de change protestée faute de paiement, peut exercer son action en garantie ou individuellement contre le tireur et chacun des endosseurs ou collectivement contre eux. S'il exerce un recours individuel soit contre

4

son cédant, soit contre celui des signataires qu'il préfère poursuivre, il doit lui faire notifier le protêt dans un délai de quinzaine.

Le protêt fait par le porteur avant l'échéance, ne le dispense pas du protêt qu'il doit faire à l'époque ordinaire, c'est-à-dire le lendemain de l'échéance. Le porteur peut même, sans être déchu de son droit, attendre l'échéance pour exercer son recours après avoir fait dresser le protêt, mais dans ce cas il agira prudemment en faisant réitérer le protêt après l'échéance, car, dans l'intervalle, des mesures peuvent avoir été prises pour le paiement de la lettre de change.

Le porteur qui aurait fait protester par suite de la faillite du souscripteur, ne peut pas faire de compte de retour sur l'endosseur avant que celui-ci ait déclaré s'il optait entre le paiement ou le cautionnement.

Les obligés auront, en effet, le choix de donner caution ou de payer le montant de la dette ; s'ils manifestent l'intention de payer, ils doivent acquitter la dette entièrement ; ils ne peuvent pas retenir les intérêts à courir jusqu'au jour de l'échéance, bien que toute la somme ne soit pas encore due. Ils ne sont pas tenus d'effectuer ce paiement ; ils pourraient donner caution ; il y a donc lieu de présumer qu'ils y trouvent leur intérêt, et le porteur ne doit pas en souffrir ; car, n'attendant cette somme qu'à une époque plus éloignée, il pourrait ne pas avoir de placement, il éprouverait donc une perte.

Le porteur qui, sur le premier protêt, n'a pas exercé d'action en garantie, peut le faire valablement sur un second. Ce second protêt est même indispensable, comme je l'ai dit plus haut pour constater le non paiement à l'échéance et faire courir les délais de recours contre qui de droit.

Mais ici on peut élever une difficulté d'interprétation ; l'article 163 du Code de commerce nous dit que le porteur d'une lettre de change peut, en cas de faillite de l'accepteur avant l'échéance, protester et exercer son recours. Mais quel sera ce recours ? La loi ne le dit pas; pour résoudre cette difficulté, il faut avoir recours à l'article 444. Cet article 444 donne aux obligés le droit d'opter entre le cautionnement ou le paiement de l'effet. Cette question doit être résolue de la sorte. Lors de la faillite avant l'échéance, rien n'est dû au porteur ; il n'a pas le droit d'exiger le paiement, il peut seulement exiger qu'on lui fournisse des cautions pour lui assurer l'exécution de l'obligation, et ce ne sera qu'à défaut de ces cautions fournies qu'il pourra valablement demander le paiement de l'effet.

Sous l'ordonnance de 1673 , le porteur qui acquiesçait sans réserve au concordat intervenu entre le souscripteur ou l'accepteur et ses créanciers , perdait irrévocablement son recours contre les endosseurs. Cette question a été vivement discutée sous le code de 1808. Aujourd'hui la loi du 28 mai 1838 a tranché tous ces doutes en déclarant expressement dans son article 545 que nonobstant le concordat les créanciers conservaient leur action pour la totalité de leur créance contre les co-obligés du failli.

C'est une disposition fort sage qui , ne préjudiciant en rien aux droits du porteur, peut faciliter l'arrangement des affaires du failli, qui, bien souvent autrefois, par un intérêt mal entendu, se trouvait dans l'impossibilité de sortir de ce fâcheux état.

DROIT ADMINISTRATIF.

Du Contentieux administratif en général.

L'administration contentieuse est l'ensemble des tribunaux administratifs; le contentieux administratif est donc l'ensemble des contestations qui peuvent s'élever en matière administrative.

Antérieurement à 1789 la juridiction administrative était dévolue aux magistrats de l'ordre Judiciaire et un des actes le plus sage de cette révolution fut d'établir, en brisant les parlements, la distinction entre l'ordre Judiciaire et l'ordre administratif. Dans les premiers temps qui suivirent la révolution de 89, les administrateurs furent chargés eux-mêmes de la juridiction administrative. Le principe de séparation entre les deux ordres fut posé par la loi des 10-24 août 1790, titre 2, article 13. La loi des 7-11 décembre 1990 déféra les parties les plus importantes du contentieux aux directeurs de districts et de département qui jugeaient tantôt en premier tantôt en dernier ressort. Lorsque les décisions étaient à charge d'appel, le recours devait être porté devant les conseils des ministres (loi des 27 avril et 25 mai 1791). Sous la constitution du 5 fructidor an III, le seul changement apporté fut celui-ci : chaque ministre devint Juge suprême dans son département, attribution qui appartenait au conseil des ministres.

Mais un nouveau système paraît avec la loi du 22 frimaire an VIII et celle du 28 pluviose de la même année. La juridiction administrative fut dévolue à des corps administratifs, placés à côté d'agents actifs et sous la dépendance de l'administration. Le conseil d'Etat, créé par la loi du 22 frimaire an VIII, fut le tribunal suprême dans l'ordre administratif et les conseils de préfecture créés par la loi du 28 pluviose remplacèrent les directoires de district et de département.

La juridiction administrative se divise en juridiction gracieuse et en juridiction contentieuse. La première est ainsi nommée parce qu'elle est appelée à rendre des services, des grâces; la juridiction contentieuse rend de véritables décisions. En d'autres termes, la juridiction gracieuse statue sur de simples intérêts, la juridiction contentieuse sur des droits, des droits méconnus.

La juridiction contentieuse administrative est dévolue tantôt aux administrateurs eux-mêmes, tantôt à des corps spéciaux. Les autorités chargées d'exercer la juridiction administrative prennent le nom de tribunaux administratifs et peu importe que ces autorités soient individuelles ou collectives.

Dans l'ordre judiciaire il est des cas nombreux où les tribunaux prononcent en premier et en dernier ressort; dans l'ordre administratif on rencontre de pareils cas, mais ils sont beaucoup moins nombreux. Un principe invariable dans l'ordre judiciaire est qu'il n'y a que deux degrés de juridiction, dans l'ordre administratif il peut y en avoir trois et même quatre.

La compétence des tribunaux administratifs est renfermée dans le cercle du contentieux administratif. Le contentieux judiciaire doit être distingué du contentieux administratif. Le contentieux judiciaire résulte en général de la lutte des droits privés entre eux ; dans le contentieux administratif la lutte est engagée entre l'intérêt privé et l'intérêt général qui doit toujours prévaloir. Il faut encore constater que le contentieux administratif est presque toujours suscité par un acte administratif.

On entend par acte administratif tout acte émané de l'administration ou d'un agent administratif, quel qu'en soit l'objet, quelle qu'en soit la forme. Les actes administratifs se divisent en trois classes :

1° Actes administratifs règlementaires ;

2° Actes administratifs spéciaux ;

3° Actes administratifs contentieux.

Les premiers sont ceux qui ont un caractère général et qui s'appliquent à un certain nombre de cas. L'acte administratif spécial, qui est l'acte administratif par excellence, a pour objet un cas particulier. Il a un caractère individuel, c'est l'acte par lequel l'administration fait l'application d'une loi à telle ou telle personne. L'acte administratif contractuel est celui qui constate un contrat passé entre un particulier et l'administration et revêtu de la forme administrative.

Au sujet de chacune de ces espèces d'actes, il peut s'élever des réclamations pour demander soit leur réformation, soit leur interprétation ; on peut aussi réclamer contre leur mode d'application et faire apprécier leurs conséquences.

Comme je l'ai dit, le contentieux administratif ne naît que d'un acte administratif, mais tout acte administratif ne peut donner lieu au contentieux.

Pour l'acte règlementaire, si la demande a pour objet la réformation, c'est à l'administration qu'il faudra en appeler, mais ce sera par voie gracieuse. Quand aux autres difficultés d'interprétation, d'application, d'appréciation, les tribunaux judiciaires devront être investis du pouvoir d'en connaître.

Dans les actes administratifs spéciaux qui consistent en des applications faites d'autorité par l'administration, les mêmes dificultés peuvent se présenter. S'il s'agit de la réformation d'un de ces actes, la demande peut être fondée sur un droit ou sur un simple intérêt ; dans le premier cas, le recours sera formé par voie contentieuse au conseil d'Etat, si elle est fondée sur un simple intérêt le recours sera formé par voie gracieuse. Pour les difficultés d'interprétation la règle est la même; lorsqu'il s'agira d'un droit, le recours par voie contentieuse sera ouvert ; lorsqu'il s'agira d'un simple intérêt il le sera par voie gracieuse. Pour les difficultés d'application, l'autorité judiciaire sera compétente.

Les conséquences ou suites de ces actes spéciaux , qui consistent principalement en dommages-intérêts, sont du domaine des tribunaux judiciaires à moins d'une loi ou d'un règlement contraires.

Pour les actes contractuels , toutes les difficultés qui peuvent s'élever sont du domaine du pouvoir judiciaire, car, en principe et en règle générale, la forme ne doit jamais l'emporter sur le fond ; l'acte contractuel administratif n'est autre chose qu'un contrat de droit civil dans lequel l'administration ne joue que le rôle de notaire ; or, toutes les difficultés nées de ces actes sont du domaine des tribunaux judiciaires.

Comme je l'ai déjà dit , la juridiction gracieuse s'applique lorsqu'il s'agit d'un simple intérêt, la juridiction contentieuse lorsqu'il s'agit d'un droit. L'utilité qu'il y a de distinguer la juridiction gracieuse de la juridiction contentieuse est très-grande. En matière contentieuse , le recours pour mal jugé est toujours ouvert par voie contentieuse sauf le cas où il y aura jugement en dernier ressort, en matière gracieuse le recours par voie contentieuse n'est jamais ouvert. De plus , en matière gracieuse, il n'y a jamais autorité de chose jugée tandis qu'en matière administrative contentieuse l'autorité de la chose jugée s'exerce comme en matière judiciaire. Enfin dans la juridiction gracieuse il n'y a jamais de formalités de procédure , à peine de nullité. La juridiction contentieuse au contraire présente des délais et des formalités à peine de déchéance.

Mais à présent la question est de savoir quand est-ce qu'il y aura simple intérêt, quand est-ce qu'il y aura droit méconnu. Il y aura simple intérêt si le fait contre lequel on réclame n'a pas été accompli au mépris d'une obligation légale de l'administration. Il y aura droit méconnu toutes les fois que l'acte aura été accompli au mépris d'une de ces obligations. Les sources de ces obligations sont au nombre de deux : la loi et les contrats. Lorsque la réclamation s'appuie sur une loi, sur un règlement elle est du domaine des contentieux administratifs ; si c'est sur un contrat qu'elle est fondée, l'ordre judiciaire sera compétent, car les contrats comme je l'ai dit plus haut sont du droit civil et doivent être portés s'il y a lieu devant les tribunaux judiciaires.

Vu par nous, Professeur, Président de Thèse :

L. CABANTOUS.

Vu et Permis d'imprimer :

Pour M. le Recteur en Congé ,

L'INSPECTEUR DE L'ACADEMIE , Délégué ,

L. BORÉ.

www.ingramcontent.com/pod-product-compliance
Lightning Source LLC
Chambersburg PA
CBHW060520210326
41520CB00015B/4242